Apprend à nager

Adaptation du dessin animé : Sarah Margaret Johanson
Illustrations tirées du dessin animé et adaptées par Eric Sévigny

Caillou et sa famille passent l'après-midi à la piscine du quartier.
Papa est dans l'eau et il attend Caillou.
—Je suis là ! dit papa, les bras en l'air.

Caillou s'approche doucement du bord. L'eau est sombre et la piscine semble profonde. Lentement, Caillou trempe son pied dans l'eau. Il frissonne.
— Brrr !
— Tu viens ? demande papa.
Mais Caillou n'arrive pas à se décider.

—Regarde, papa, ça brille! s'exclame Caillou en montrant un rayon de soleil derrière papa.
Alors que papa se retourne pour voir, Caillou rejoint maman et Mousseline dans la pataugeoire.
—Youhou! fait Caillou en sautant dans l'eau.
Mousseline rit aux éclats. Maman est toute éclaboussée.

Quelques minutes plus tard, papa sort de la grande piscine et vient rejoindre les autres.
—La prochaine fois, peut-être que tu viendras avec moi dans la grande piscine, dit-il à Caillou avec un clin d'œil.
—Euh, d'accord, marmonne Caillou.

À l'heure du dodo, maman vient border Caillou.
–Tu te souviens à la piscine aujourd'hui ?
–Oui, répond Caillou faiblement.
–La piscine était vraiment très grande, n'est-ce pas ? poursuit maman.
–Huhum… fait Caillou.
–Aimerais-tu que papa t'apprenne à nager ?
–Oh oui ! s'exclame Caillou.

Quelques jours plus tard, Caillou commence sa première leçon de natation.
Il adore être dans l'eau et apprendre à nager.
—Essaie de nager jusqu'à moi, lui dit papa.
—Je peux le faire, dit Caillou.
—Je sais que tu es capable, l'encourage papa.

Caillou avance parfois en touchant le fond de la piscine, mais il bouge ses bras de la bonne façon.
—Je nage, papa, je nage! dit-il, tout excité.
Caillou veut nager et plonger comme les grands.

–Veux-tu retourner dans l'eau ? demande papa après une petite pause bien méritée.
Caillou et papa entrent dans la piscine. Caillou prend son élan. Il nage vers papa en battant des jambes et des bras.
–C'est bien. Bouge tes bras comme je te l'ai montré.

Caillou s'appuie encore un peu sur le fond de la piscine, mais bientôt il arrive à nager sans aide.

– C'est bien, Caillou, dit papa.

– Je nage, papa. Regarde!

– Oui, je suis là, Caillou. Continue, tu es capable.

– Regarde-moi… Je nag… Glouglou, glou… fait Caillou en se débattant dans l'eau.

Caillou se sent soudain très inquiet, mais heureusement, papa n'est pas loin.
−Ça va aller, le rassure papa. Nage doucement jusqu'à moi, comme tu l'as fait tout à l'heure.
La voix de papa réconforte Caillou. Il continue de nager vers lui.

—Tu as eu un peu peur, hein ? dit papa en tenant Caillou dans ses bras. Mais tu savais que j'étais là, tout près.
—Oui, papa.
—À partir de maintenant, Caillou, tu sais vraiment nager comme un grand !
—C'est vrai, hein ? dit Caillou.
—Je te félicite, dit papa. J'étais sûr que tu réussirais à nager.
Caillou est très fier !

©2013 ÉDITIONS CHOUETTE (1987) INC. et DHX MEDIA (TORONTO) LTD.
Tous droits réservés. Toute traduction ou reproduction d'un extrait quelconque de ce livre, sous quelque forme que ce soit et par quelque procédé que ce soit, tant électronique que mécanique, en particulier par photocopie ou par microfilm, est interdite.

CAILLOU est une marque de commerce appartenant aux Éditions Chouette (1987) inc.
DHX MEDIA est une marque de commerce appartenant à DHX Media Ltd.

Texte : adaptation par Sarah Margaret Johanson du dessin animé CAILLOU, produit par DHX Media Inc.
Tous droits réservés.
Traduction : Claire St-Onge
Scénario original : Matthew Cope
Épisode original n° 35 : Caillou apprend à nager.
Illustrations tirées de la série télévisée CAILLOU et adaptées par Eric Sévigny
Direction artistique : Monique Dupras

Les Éditions Chouette remercient le Gouvernement du Canada et la Société de développement des entreprises culturelles du Québec (SODEC) de leur soutien financier.

Catalogage avant publication de Bibliothèque et Archives nationales du Québec et Bibliothèque et Archives Canada

Johanson, Sarah Margaret, 1968-
Caillou apprend à nager
(Domino)
Traduction de : Caillou learns to swim.
Pour enfants de 3 ans et plus.
ISBN 978-2-89718-035-5

1. Natation - Ouvrages pour la jeunesse. I. Sévigny, Éric. II. Titre.
III. Collection: Domino (Montréal, Québec).

GV837.6.J6314 2013   j797.2'1   C2012-941669-X

Imprimé en Chine
10 9 8 7 6 5 4 3   CHO1998 MAR2017